Jugendliebe

AF221569

Gedichte über Herzschmerz und die erste große Liebe

Beatrice Giesen

Beatrice Giesen

Jugendliebe

Gedichte über Herzschmerz und die erste große Liebe

Impressum

Bibliografische Information der Deutschen Nationalbibliothek:
Die Deutsche Nationalbibliothek verzeichnet diese Publikation in der Deutschen Nationalbibliografie; detaillierte bibliografische Daten sind im Internet über http://dnb.dnb.de abrufbar.

© 2022 Beatrice Giesen

Herstellung und Verlag: BoD – Books on Demand, Norderstedt

ISBN: 978-3-7562-5663-1

MIX
Papier aus verantwortungsvollen Quellen
Paper from responsible sources
FSC® C105338

FSC
www.fsc.org

A Little Poem

What goes on inside of me?

Everything turns upside down

Take my hand and follow me

Look into my eyes and see

I just can't believe it

I'm truely in love

You must have been send from heaven above

I know that love is not just an illusion

Because you came along to blow my confusions
away

If you would ask what I feel for you

I'd say that my love for you is true

Come rain – come shine

Whatever you do

The feelings I have, they are so new

There were times where I didn't even now what
to do

Hold me in your arms

Make me feel so warm

I don't wanna feel so cold inside again

You make me feel my desire

(1996)

Du

Wenn ich dich sehe,

Klopft mein Herz

Wenn ich an dich denke

Spür' ich den Schmerz

Gehst du an mir vorbei

Fühl ich mich gut

Um mit dir zu sprechen

Fehlt mir der Mut

Du weißt genau, dass ich dich mag

Ich warte auf ein Zeichen bis zum heutigen Tag

Trotzdem bin ich froh, dass es dich gibt

Ich glaub' ich bin total in dich verliebt!

(Januar 1998)

Ich mag dich

Ich mag dich so sehr,

Dass es manchmal weh tut

Ich mag dich so sehr,

Dass mein Herz schneller klopft,

Wenn ich dich sehe

Ich mag dich so sehr,

Dass mein Körper anfängt zu beben,

Wenn du an mir vorbei gehst

Ich mag dich so sehr,

Dass ich es nicht wage dir in die Augen zu sehen,

Wenn du mich anschaust

Wahrscheinlich mag ich dich gar nicht,

Weil ich dich liebe!

(31.01.1998)

Das Herz

Es ist rot und manchmal schwer

Es ist oft groß, selten ganz leer

Es ist sehr wichtig für dich und für mich

Es ist manchmal aus Stein, oft aber nicht

Es ist für mich das Zentrum der Liebe

Es ist ein Schatz, aber nichts wert für Diebe

Es ist zerbrechlich, es fühlt auch Schmerz

Es ist kein Glas, ich meine das Herz

(1998)

Für Mich

Viele Tränen flossen über mein Gesicht

Manche waren Freudentränen,

Viele auch nicht

Das Leben ist nicht immer gut

Und oft genug fehlt mir der Mut

Momente unvergesslich zu machen

Durch lieben, leiden, weinen und lachen

Ich entdecke das Leben jeden Tag neu

Meistens mit Kampfgeist,

Aber oft auch mit Scheu

Ich verfolge meine Ziele mal laut,

Mal still

Und trotzdem bekomme ich immer was ich will!

(09.06.1998)

Schmerzen

Tief in meinem Herzen
Fühle ich die Schmerzen

Du bist nicht hier
Aber ich will zu dir

Du bist mein Grund am Leben zu bleiben
In Gedanken seh' ich mich zu dir treiben

Die Schmerzen werden immer schlimmer
Du musst wissen, ich liebe dich für immer

(09.06.1998)

Liebeskummer

Liebe hat tausend Gesichter

Meist zeigt sie sich in ihrer vollen Pracht

Durch kuscheln, küssen und Leidenschaft

Doch Liebe hat auch schlechte Seiten

Zum Beispiel Eifersucht und Streiten

Oder wenn der Andere nicht dasselbe fühlt wie du

Das ist das Schlimmste, was passieren kann

Dann laufen die Tränen in Strömen und du fühlst dich schlecht

Und selbst deine Freunde schaffen es nicht mehr

Dich zum Lachen zu bringen

Nur weil er dich nicht liebt, aber du ihn

Das ist die schwerste Zeit im Leben

Doch es muss auch Liebeskummer geben

(10.06.1998)

Trauer

Trauer spüre ich,

wenn du nicht bei mir bist.

Sie ist schwarz, tief und wird immer gegenwärtig
sein

Bloß wo bist du?

Willst du, dass diese Trauer immer in meinem
Herzen bleibt?

Oder kannst du dich überwinden, mir gegenüber
zu treten?

Dann würde die Trauer aus meinem Leben
verschwinden

Und du würdest ihren Platz in meinem Herzen
einnehmen.

(10.06.1998)

Leben

Tag für Tag lebe ich mein Leben
Ohne einmal aufzugeben
Ein Traum, in dem ich mich sterben sah
Ich hoffe, dieser Traum wird niemals wahr

Ich werde kämpfen, um zu überleben
Ich möchte nach dem Besten streben
Ein Kreislauf schließt sich heute und morgen
Ich kenne so gut wie keine Sorgen

Und wenn ich nicht mehr leben sollte
Hatte ich hoffentlich, alles was ich wollte
Wenn's nicht so kommt, wie ich es will
Setze ich mir ein neues Lebensziel

Ich versuche alles zu erreichen

Ohne von deiner Seite zu weichen

Denn eins musst du wissen, ich vergesse dich nie

Du bist meine Lebensphilosophie

(10.06.1998)

Für S.

Ständig denke ich nur an dich

Ehrlich gesagt, bist du wichtig für mich

Bedrängen wollte ich dich nicht

Augen, wie die in deinem Gesicht

Ständig muss ich an sie denken

Tu' meine Gedanken nur auf dich lenken

Ich habe dich so unheimlich gern

Ach, warum bist du nur so fern

Nur einmal ganz allein sein mit dir

Wann bist du endlich hier bei mir?

(10.06.1998)

Liebe

Viel Liebe steckt tief in mir drin
Sie auszuleben, danach steht mir der Sinn
Doch du willst nichts von meiner Liebe wissen
Deshalb ist mein Herz schwer und zerrissen

Könnt' ich dir nur meine Liebe geben
Mit dir in den siebten Himmel schweben
Dafür würde ich alles tun:
Dir beistehen, ohne auszuruhen
Gibst du mir nicht eine kleine Chance?
Vielleicht wird daraus auch nie eine Romanze

Doch einen Versuch wär' es doch wert
Denn sonst hättest du mein Herz zerstört
Und all die Liebe, die ich besaß

Die raus wollte und mein Herz zerfraß

Liegt jetzt ganz tief in meinen Händen

Ich werde sie nie an jemand anders
verschwenden

Denn sie gehört nur dir ganz allein

Für dich wird sie immer in meinen Händen sein

(10.06.1998)

Der Dorn

Grün blitzt er hervor

Gefährlich wirkt seine Spitze

Als ich mein Herz verlor

Schmerz verwandelt sich in Hitze

Scharf wie ein Messer

Wenn ich dich fasse

Ich könnte schreien

Weil ich dich hasse

Du drohst mir, zeigst:

Rühr' mich nicht an

Ich wag es nicht

Ich bin kein Tyrann

Auch ich bin, wie du

Auf dieser Welt geboren

In mir steckt wie in dir

Auch ein grüner Dorn

(10.06.1998)

Über dich

Zwei schöne Augen voll von Tränen

Wie eine Wolke gefüllt mit Regen

Zwei Wangen, knuffig und rosig zugleich

Wie ein Baby so lieb und weich

Die Lippen so zart, wie ein kleines Schaf

Ob ich sie wohl jemals küssen darf?

Du bist das Wundervollste für mich

Hey du, ich rede über dich!

(11.06.1998)

Er liebt mich (nicht)

Er liebt mich, er liebt mich nicht
Tränen laufen über mein Gesicht
Könnt' ich nur seine Liebe erringen
Würd' Tag und Nacht mit ihm verbringen

Mein Leben hätte wieder Sinn
Denn er, er wäre mein Gewinn
Doch ich empfinde nur noch Schmerz
Zerbrochen ist mein kleines Herz

Ich fühle Trauer, fühl mich leer
Hey, ich vermisse ihn so sehr!

Denn vielleicht liebt er mich ja doch

Ich glaube an Wunder, es gibt sie noch

Er liebt mich, er liebt mich nicht

Tränen fliehen aus meinem Gesicht

Ein Lächeln vertreibt die blinde Wut

Er mag mich, deshalb geht's mir gut

(11.06.1998)

Du

Du bist für mich das Licht in der Nacht

Du bist jemand, der über mich wacht

Du bist mein Leben, meine Freude

Du bist für mich da, jeden Tag, heute

Du bist meine Sonne, du bist mein Stern

Du, ich habe dich furchtbar gern

(11.06.1998)

Die Träne

So farblos wie Glas
So frisch wie das Gras
So salzig wie das Meer
Innen ganz leer

Sie schillert oft bunt
Sie ist schnell und rund
Kommt sie ans Licht
Kullert sie aus dem Gesicht

Oft kommt sie aus Trauer
Feucht wie ein Schauer
Manchmal auch vor Glück
In einem schönen Augenblick

Und wenn ich mich mal nach dir sehne

Wein' ich auch eine kleine Träne

(11.06.1998)

Ein Wort

L – wie Leidenschaft, die niemals vergehr

I – wie irre Gefühle, die niemand versteht

E – wie erleben, was das Leben so bringt

B – wie begreifen, dass Eifersucht stinkt

E – wie Erotik, die prickelt und brennt

Das ist das Wort, das man LIEBE nennt!

(18.06.1998)

The Tear

Colorless like glass
Fresh like grass
Salty like the sea
Empty like me

Colorful and round
Without any sound
Comes fast tot he light
Is natural and bright

It runs out of every face
The reason is another case
If I'm sad or if I'm longing for you
And in a great moment
I cry a little tear, too

(1998)

Der rote Faden

Ein roter Faden zieht sich durch mein Leben

Rot, die Farbe der Liebe

Aber auch die Farbe des Blutes

Blut erinnert mich an den Tod

Oder an Schmerzen, Wunden

Aber nicht nur an körperliche Schmerzen

Auch die Seele leidet

Meine Seele leidet sehr

Warum?

(10.07.1998)

Warum?

Warum ist das Leben so kompliziert?

Warum hab ich den Sinn des Lebens noch nicht kapiert?

Warum kann ich nicht alles dem Zufall überlassen?

Warum muss ich mich selber hassen?

Warum?

Weil nichts klappt, so wie ich es will

Weil ich nicht lebe, bin ruhig und still

Weil ich mein Leben selbst in die Hand nehmen muss

Mich selber hassen?

Damit ist jetzt Schluss!

(10.07.1998)

Thoughts

The world

Many people die every second

Many babies are born every minute

But where am I?

I am here

But where is here and who am I?

I am human and I have feelings

And these feelings were hurt

Hurt by the people dying every second

Hurt by the new born babies

And hurt by you

The only person I really love

(29.09.1998)

Your Smile

Take me to another place

Here I'm all alone

You've got the typical face

For make me feeling lonely

But if I catch your smile

I feel I'm important

And that this world

Could not exist without me

So please give me your smile

Every minute in my life

(Oktober 1998)

For A Friend

Once I fell in love with you
My feelings they were deep and true
But now the situation changed
It's unusual and strange
I like you and you mean a lot to me
But just as a friend I hope you see
I don't want to lose you
I need you in my life
But being ignored by you
Hurts like a knife
I hope you will soon understand
All that I need is a really good friend

A friend who listen to me

A friend who likes me to see

A friend who will understand

A friend with a helping hand

A friend who has problems too

A friend who also feels sometimes blue

A friend I can phone and who phones me again

A friend I will often see than

A friend to talkt o, a friend to cry

A friend who asks me what's up and why

A friend to cuddle up to

I'd wish this friend would be you

(06.10.1998)

Red Thread

A red thread draws through my life

Red, the color of love

But also the color of blood

Blood reminds me of death or pain, wounds

But it reminds me not only of physical pain

The soul also suffers

My soul suffers a lot

But why?

Only one person knows the answer

And that's not me

But you!

(06.10.1998)

Im Regen

Traurig stehe ich allein im Regen

Einsam, verlassen

Wo sind nur die Menschen,

Die mich einst glücklich machten?

Alle sind fort

Und ich bleibe zurück

Mit vielen Problemen, Sorgen

Und mit der Hoffnung,

Dass mein Leben wieder einen Sinn bekommt

(14.10.1998)

Vertrauen?

Dir wollte ich mein Vertrauen schenken

Doch du, du wolltest mich nur kränken

Ich dachte, ich wär an allem Schuld

Warum hatte ich nur so viel Geduld?

Du spukst durch mein Leben und in meinen
Träumen

Durch dich werde ich mein Glück versäumen

Weißt du wie es ist am Ende zu sein?

Ich weiß es und ich könnte schreien

Obwohl ich dich liebe, drückt mich der Schuh

Ich weiß jetzt das Schwein von uns beiden bist
DU!

(14.10.1998)

Gestorben

Du bist für mich ab heute tot

Lang genug erlitt ich Not

Du warst mein Leben, meine Freude

Doch all das warst du nur bis heute

Jetzt fühl ich mich endlich wieder frei

Trotzdem ist mein Herz schwer wie Blei

Ich fühl' mich traurig, fühl' mich schwach

Ich träume nicht, ich bin hellwach

Ich fühl' mich einsam und allein

Und werde wohl nie wieder glücklich sein

(14.10.1998)

Träume

Träume, menschliche Phantasie
Sie sollen mich nicht verlassen
Träume, schön wie nie
Ich werde sie niemals hassen

Träume auch schlechte
Sie zeigen mir auch Hass
Träume verlassen das Echte
Doch was ist Realität? Was?

Träume, ich will sie für immer behalten
Durch sie kann ich mich entfalten
Träume, die mir den Schlaf gestalten
Und hoffentlich niemals veralten

(16.10.1998)

Die Kette

Liebe, Freude und Leid

Erquicken meine Seele

So dezent und unterschiedlich

Wie die Farben des Regenbogens

So gülden wie die Sonne

Und so erfrischend wie der Schein des Mondes

So warm wie laue Sommerabende

Und so lieblich wie deine Züge

All dies bildet eine Kette

In der das Entscheidende fehlt

Nämlich du!

(19.10.1998)

Wo?

Wo ist er,

Der Mensch, der mein Leben versüßt?

Wer ist es,

Der mich am Morgen begrüßt?

Wo bin ich,

Wenn ich aus meinen Träumen erwache?

Wer ist es,

Dem ich ständig was vormache?

Wie ist es,

Geliebt zu werden?

Wann werden meine Illusionen sterben?

Wie ist es,

Das Glück zu finden?

Wann werde ich meine Scheu überwinden?

Ich kenne die Antwort auf all meine Fragen

Und lange kann ich sie nicht mehr ertragen

WO ist er, und WER?

Ich kann und will nicht mehr!

(19.10.1998)

Erinnerungen

Hell, so hell wie tausend Sterne

Seh' ich ein Leuchten in der Ferne

Ein Leuchten, das ich in deinen Augen sichte

Der Grund, warum ich den Blick nicht von dir
richte

Obwohl ich dich vergessen wollte

Wobei eine Träne aus meinen Augen rollte

Kann ich mich einfach nicht erweichen

Keiner kann dir das Wasser reichen

Lieben werde ich dich für immer

Vergessen dafür nie und nimmer

Ich hoffe, dass ich mich überwinde

Und doch noch eine neue Liebe finde

(19.10.1998)

Meine erste grosse Liebe

An einem lauen Septembertag
Als ein besonderes Gefühl in der Luft lag
Da sah ich ihn zum ersten Mal
Und diese Begegnung war fatal

Ein Jahr verging, bevor ich erkannte
Dass man dieses Gefühl wohl Liebe nannte
Ab da begann eine schwere Zeit
Mit massig Tränen und viel Leid

Ein weiteres Jahr kam übers Land
Indem ich scheinbar die große Liebe fand
Sie dauerte leider nur ein paar Wochen
Und ist nur aus einem Grund zerbrochen

Auf einmal wurde es mir klar

Dass er der Grund für all das war

Er, den ich vor 2 Jahren erstmals erblickte

Und für den ich den Anderen in die Wüste
schickte

In einer warmen Sommernacht

Hat er mich um den Verstand gebracht

Er sehe mich nur als gute Freundin an

Sagte er mir und küsste mich dann

Und weiter versuchte ich mein Glück

Blieb meist in Verzweiflung und Tränen zurück

Verzweiflung steigerte sich bis zur Wut

Und einmal hatte ich endlich den Mut

Ich schrieb ihm offen, was ich fühlte

Und wie er mit seinem Verhalten mein Leben
zerwühlte

Ich hoffe noch immer, dass er mich irgendwann

Als Mensch akzeptieren und lieben kann

Die Gefühle für ihn sind weder klein noch geheim

Er wird für immer meine erste große Liebe sein

(19.10.1998)

Sonnenaufgang

Feuerrot reißt der Himmel auf
Ein Licht durchbricht die Nacht
Die kleinen Sterne werden blass
Wer hätte das gedacht?

Die Menschen erwachen aus ihrem Schlaf
Und fangen an zu denken
Schatten werden immer länger
Sie wollen den Tag einlenken

Auch ich erhebe müde mich
Beginne meinen Tag
Ich spüre Glück in meinen Adern,
Ob's wohl am Sonnenaufgang lag?

(20.10.1998)

Der 1. Kuss

Der 1. Kuss

Für jeden ein Muss

Doch wo, wann und wie?

Das weiß man nie

In einem günstigen Augenblick

Passiert es und dann macht es ‚klick'

Er rutscht auf deinen Lippen aus

Und du bist völlig aus dem Haus

Diese Erfahrung darf man nicht missen

Wie es ist zum 1. Mal zu küssen

Irgendwann leckt jeder mal Blut

Dann merkt man erst,

Wie gut küssen tut

(20.10.1998)

Ich warte

Ich warte auf ein Zeichen von dir
Und das nicht erst seit heute
Wann meldest du dich endlich bei mir?
Wir sind doch keine fremden Leute

Ich rief dich jede Woche an
Um den Kontakt zu halten
Doch du erinnerst dich sicher nicht daran
Worüber wir beide lallten

Jetzt ist der Kontakt mal wieder tot
Es gibt kein „Hallo, alles klar?"
Ich glaube, ich sehe bald mal rot
Dann weißt du, wie schön es war!

(20.10.1998)

Erdmond

Ein Lichtlein in der Dunkelheit
Ein Stern am Horizont
Glänzt über aller Menschlichkeit
Wie niemand es gekonnt

Du Leuchten in der dunklen Nacht
Du helles Etwas am Himmel
Du, der du über Allem wachst
Im nächtlichen Sternengewimmel

Zeigst dich als Sichel oder auch
Als großes, rundes Ganzes
Dein Atem ist ein kühler Hauch
Wind deines nächtlichen Tanzes

Du Kugel nahe meiner Erde

Ich kann dich gut erkennen

Solange ich dich sehen werde

Wird' ich dich Erdmond nennen

(20.10.1998)

Dein Kuss

Den ersten Kuss

Gab mir mein erster Freund

Den ersten richtigen

Meine erste große Liebe

Doch dein Kuss

Brachte mich um den Verstand

Und wird für immer

In meiner Erinnerung sein!

(20.10.1998)

Morgentau

Morgentau auf frischen Blättern

Feuchter, grüner Wald

Der Tag erwacht aus seinem Schlaf

Sein Atem ist rau und kalt

Morgentau auf morschen Zweigen

Alter, sterbender Baum

Menschen verlassen ihre Betten

Zurück bleibt meist nur ein Traum

Morgentau im Fell eines Tieres

Ein Fuchs oder Wildschwein vielleicht

Das Leben in der Natur erwacht

Und Stunde um Stunde verstreicht

Morgentau verschwindet wieder

Auch ein neuer Tag geht vorbei

Schnell holt die Nacht den Tag wieder ein

Und setzt neuen Morgentau Freitag

(03.11.1998)

Für Dich

Seh' ich dich

Dann denke ich

Ich liebe dich

Seh' ich dich nicht

Dann fühl' ich

Ich vermisse dich

Will ich dich

Dann denke ich

Du willst mich nicht

Will ich dich nicht

Dann weiß ich

Du brauchst mich nicht

Hab' ich dich

Dann weiß ich

Du magst mich

Hab' ich dich nicht

Dann such' ich dich

Find' ich dich

Dann lass' ich dich

Nie wieder los!

(08.02. 1999)

Ein Leben

Ein Leben voller Energie

Ein Leben voller Mut

Ein Leben voller Fantasie

Ein Leben voller Wut

Ein Leben voller Angst und Pein

Ein Leben voller Streit

Ein Leben ganz und gar allein

Ein Leben – bist du dazu bereit?

(08.02.1999)

Es ist Liebe!

Wenn dein Herz anfängt zu stottern

Wenn deine Knie heimlich schlottern

Dann ist es Liebe

Wenn du sehr oft an einen Menschen denkst

Und nie die Gedanken von ihm lenkst

Dann ist es Liebe

Darum liebe jeden Menschen, der dich liebt

Gib' ihm zurück, was er dir gibt

Denn es ist Liebe!

(08.02.1999)

Schlaflos / Dein
Blick

Müde bin ich ...,

Doch schlafen kann ich nicht

Schließ' ich meine Augen,

Seh' ich dein Gesicht

Drum denke ich mal wieder

Und öffne meine Lider

Doch deine Augen sind immer noch da

Du bist so weit weg ...,

Oder doch ganz nah?

Ich denke andauernd an deinen Blick

Denn bei diesem Blick, machte es ,klick'

Und zwar ganz tief in meinem Herzen

Es tut so gut, vertreibt alle Schmerzen

Nicht nur Schmerzen, sondern auch Gefühle

Zum Beispiel für eine alte Liebe

Dein Blick geht wirklich unter die Haut

Wo sich ganz langsam Liebe anstaut

Doch eines muss ich dir gestehen,

Ich will jetzt endlich schlafen gehen!

(14.02.1999)

Ich liebe ...

Ich liebe dich wie Schokolade

Nach ein paar Wochen wird sie fade

Ich liebe dich wie rotes Blut

Weil in dir irgendwo Leben ruht

Ich liebe dich wie meine Decke

Unter der ich dich ganz gerne hätte

Ich liebe dich wir Rosenstaub

Genauso auch wie altes Laub

Ich liebe dich wie ein Stück Dreck

Störst du mich, wisch' ich dich weg

Ich liebe dich wie `nen Schuh der drückt

Dass ich dich liebe, ist vollkommen verrückt!

(14.02.1999)

Die grosse Stadt

Die große Stadt voller Gewalt

Auf mich wirkt sie einfach nur kalt

All die Autos, all die Menschen

Ohne Mut und Lebensziele

Warum sind sie so unnahbar,

So ganz ohne Gefühle?

In ihrer Mitte stehe ich

Gefühle hab ich mit Sicherheit

Ich stehe dort und warte auf dich

Wenn's sein muss bis in Ewigkeit

(14.02.1999)

Sonnenstrahlen

Sonnenstrahlen, gebrochen durch das Glas des Fensters

Scheinen in mein Herz

Hell, freundlich, oder heiß wie das Feuer

Leben bringend, Leben vernichtend

Beides wahrgenommen durch das menschliche Auge

Oder das Blühen der Pflanzen

Die am Wegrand stehen oder im Garten

Und einen Regenbogen zaubern sie auch,

Weil mein Fenster sie bricht.

(16.02.1999)

Strasse des Lebens

Die Straße ist lang und eben

Genauso wie das Leben

Doch manchmal kommt ein Stein

Man stolpert und steht allein

Die Bäume am Straßenrand

Biegen sich im Wind

Sie zeigen dorthin

Wo noch Menschen sind

Wie gern würde ich die Straße verlassen

Die ganze Welt entfaltet erfassen

In meinem Leben zähle nur ich

Mein Denken, mein Handeln, alles für mich

Erfolg ist das, was ich erwarte

Egal von wo, aber ich starte

Irgendwann komme ich sicher ans Ziel

Ich hoffe, ich erwarte nicht zu viel

(20.02.1999)

Es ist vorbei

Es kommt der Tag

An dem ist alles vorbei

Dein Herz ist gebrochen

Die Liebe entzwei

Die Liebe,

Die einst so innig sich zeigte

Und mit der Zeit

Zum Ende sich neigte

Du fühlst dich leer

Und nimmer geliebt

Doch dann fällt dir auf,

Dass es noch mehr Menschen gibt

Menschen, die dich mögen

Dann kann es wieder prickeln

Und schneller, als du denkst

Wird sich eine neue Liebe entwickeln

(23.04.1999)

Reim

Es schauert

Es dauert

Es lauert

Regen fällt auf die Straße

Es lebt

Es schwebt

Es strebt

Die Natur um mich atmet

(23.04.1999)

Dreams

Last night

I woke up and I scream

I know I had a dream

A dream that's still in my mind

A dream

I have a dream

Only one of a stream

A dream of you

Of hate and fear, too

I have had a dream

A dream is a dream

Will never be reality

I'm glad

I still have a dream

My life is a stream

And not only a dream

So I will scream again

(23.04.1999)

You

You are my way

You are my day

You are what I say

You are where I want to stay

About you I sing

You are everything

To you I bring

My all – I'm nothing

You are in my heart

Right from the start

You are in my mind

I hope I'll find

You some day – you're kind
I won't be behind

You never waste time
It's as bad as crime
I don't want tob e prime
You really look fine

You are in my heart
Right from the start

In every land
Where am I stand
I look for your hand
Not in the sand

I pray to god

That you'' never be shot

Because than it's hot

And I'll miss you a lot

(23.04.1999)

Ich hab dich lieb

Ich hab dich lieb

So wie ein Sieb

Total verstreut

Genau wie heut'

Ich hab dich geseh'n

Konnte gar nicht versteh'n

Was mit mir geschieht

Obwohl ich dich mied

Jetzt ist es zu spät

Weil gar nichts mehr geht

Eins ist klar für mich

Ich liebe nur dich

(27.04.1999)

Farben

Der Himmel, das Wasser

Deine Augen sind blau

Der Himmel, das Wasser

Sind manchmal auch grau

Die Sonne, der Mond

Und die Sterne sind gelb

Die Blume im Fenster

Ist leider schon welk

Die Liebe, mein Herz

Und das Blut sind rot

Die Liebe zu dir

Ist nun endlich tot

Die Nacht, die Erde

Und die Kohlen sind schwarz

Und aus den Bäumen

Tropft frischer Harz

Das Holz, das Fenster

Der Bär ist braun

Von dir lass' ich mir nicht mehr

Mein Leben versau'n

(30.04.1999)

Freiheit

Ein Stückchen Freiheit steckt in mir

Ein Stückchen Freiheit steckt auch in dir

Nimm' dieses Stückchen in die Hand

Such' dir deinen Weg,

Ich meinen schon fand

Genieß' dein Leben in vollen Zügen

Und lass' dich niemals von ihm betrügen

Tut er es doch, dann lass' ihn ziehen

Lass' ihn aus deinem Leben entfliehen

Doch eines musst du immer wissen

Hat er dir auch dein Herz zerrissen

Das in deiner Hand wird immer sein

Behalt' deine Freiheit und du bleibst nicht allein

(30.04.1999)

Sein

Ich lebe

Ich gebe

Ich strebe

Ich bin

Ich sehe

Ich stehe

Ich gehe

Ich war

(30.04.1999)

Tropfen

Ein Tropfen auf dem heißen Stein

Ein Tropfen, der bleibt nie allein

Die anderen Tropfen kommen bald

Es bildet sich ein Tropfenwald

Der Tropfenwald mutiert zum Schauer

Und ist dann meist von kurzer Dauer

Ist aber der Tropfen eine Träne

Wenn ich mich mal wieder nach dir sehne

Dann wird der Schauer sofort zum Guss

Es bildet sich ein Tränenfluss

Aus Schmerz, weil ich mich nach dir sehne

Weine ich Träne über Träne

Derjenige, der mir Trost spendet

Der meinen Schmerz zum Guten wendet

Der meine Tränen aufhalten tut

Der gibt mir neuen Lebensmut

Der Tropfen auf dem heißen Stein

Wird dann nur noch Erinnerung sein

(30.04.1999)

Die Welt

Ein Meer ohne Grund

Ein Berg ohne Spitze

Ein Himmel ohne Wolken

Ein Tag ohne Sonne

Eine Nacht ohne Sterne

Eine Schule ohne Lehrer

Ein Herz ohne Liebe

Ein Park ohne Bäume

Ein Buch ohne Seiten

Ein Füller ohne Tinte

Ein Kopf ohne Gesicht

Ein Klavier ohne Tasten

Ein Wald ohne Tiere

So ist unsere Welt nicht

(30.04.1999)

Endlich

Endlich hab' ich es geschafft
Mein Leben hat wieder Sinn
Endlich hab' ich es geschafft
Bevor die Zeit davon rinn'

Endlich habe ich dich gefunden
Die Suche war lang und schwer
Endlich sind wir zwei verbunden
Trauern will ich nicht mehr

Endlich sind meine Schmerzen vorbei
Mein Herz zerspringt vor Glück
Endlich fühl' ich mich wieder frei
Ich habe mein Leben zurück

(23.05.1999)

I need you tonight

I need you tonight

To hold me tight

I need you in my arms

You make me feel so warm

I need you tonight

Babe, you are right

I need you to sleep

So sweet and deep

I need you tonight

It feels so bright

I need you right now

I'll show you how

I need you tonight

Tonight by my side

I need you to live my life

When you're away it hurts like a knife

I need you tonight

Darling I tried

I need you forever

Forever and ever

(23.05.1999)

Etwas

Als ich dich das erste Mal sah

Spürte ich etwas

Ich weiß nicht, was es war

Aber es war da

Ein Gefühl von Wärme und Glück

Ich fühlte mich gut

In diesem Augenblick

Wollte ich nie mehr zurück

„Ist es Liebe?" fragte ich mich

Wo bleibt die Antwort?

Ich weiß es nicht

Doch ich vermisse dich

Dieses Gefühl herrscht immer noch

Tief in meinem Innern

Liebe ist es vielleicht doch

Ein tiefes schwarzes Loch

(23.05.1999)

I want it

I want it that way

Not only today

I want it that way

Whatever you say

I want it right now

I'm gonna show you how

I want it right now

And you'll say ‚wow'

I want it right here

Don't cry any tear

I want it right here

Don't have any fear

I want it right there

Don't ask me where

I want it right there

I think that is fair

I want it that way

I hope you will stay

I want it that way

And for this I pray

(23.05.1999)

Come

I need you here

Forever and ever

Have no fear

Let's come together

I see a chance for us

Just right now

Don't make a fuss

I show you how

Come dream with me

Althrough the night

Love me and see

That I can hold you tight

(23.05.1999)

Warum

Warum bist du so zu mir?

Sag, was hab ich dir getan

Viele Tränen wegen dir

Liefen über mein Gesicht in Scharen

Warum bist du so zu mir?

Was hab ich nur falsch gemacht?

Ich will endlich Klarheit von dir

Dass du so bist hätt' ich nie gedacht

Warum bist du so zu mir?

(25.05.1999)

Wunder

All die Wunder dieser Erde

Ich wohl niemals sehen werde

Doch wenn du an meiner Seite bist

Sind alle Wunder Pferdemist!

(07.06.1999)

Luv

Love is deep and true

Often I will feel so blue

This feelings they are really new

And sometimes I'm still longing for you!

(08.06.1999)

Dreams

Dreams – human phantasy
Dreams – I like them to see

Dreams are always there
Dreams are everywhere

Dreams – they are always new
Dreams – when I awake I'm feeling blue

Dreams of you and me
Dreams make me feeling free

Dreams – I need them forever
Dreams – I will never lose them, never!

(22.06.1999)

?

Ist es nicht doof,

Wenn man weiß,

Dass sich zwei Menschen

Sehr gut verstehen könnten,

Wenn nicht die Vergangenheit

Zwischen ihnen stehen würde?

(22.06.1999)

Die Sonne

Leben gebend

Nach Wärme strebend

Und doch lebend

Die Sonne

Leben vernichtend

Leben richtend

Leben sichtend

Die Sonne

Leben beleuchtend

Böses verscheuchend

Nicht kreuchend und fleuchend

Die Sonne

Leben wird zur Nacht

Ehe du's gedacht

Doch morgens wieder erwacht

Die Sonne

(23.06.1999)

Das Licht

Siehst du das Licht am Ende der Straße?
Es leuchtet hell und klar
Es leuchtet ganz eigen, auf seine Weise
Und ist doch immer da

Siehst du das Licht am Ende des Tunnels?
Es leuchtet Tag und Nacht
Es leuchtet heute, es leuchtet morgen
Weil es über die Dunkelheit wacht

Siehst du das Licht am Ende des Lebens?
Es leuchtet mir den Weg
Es leuchtet mir in die neue Welt
Wenn ich mich nicht mehr reg'

(23.06.1999)

Herz aus Stein

Das Herz aus Stein

Ist einsam und allein

Das Herz aus Stein

Muss einfach kalt sein

Das Herz aus Stein

Es ist nicht mein

Das Herz aus Stein

Kann man nicht verleih'n

Das Herz aus Stein

Muss einfach deines sein

Das Herz aus Stein

Ist zum Glück nur klein

Das Herz aus Stein

Wird nicht für immer sein

Das Herz aus Stein

Kann nur meine Liebe befrei'n

(23.06.1999)

Meine Liebe

Meine Liebe gebe ich dir

Gib' mir deine Liebe dafür

Zur Liebe gehört nehmen und geben

Zur Liebe gehört einander erleben

Zur Liebe gehört Streit und Frust

Genauso gut wie pure Lust

Zur Liebe gehörst du, genauso wie ich

Du liebst mich – und dafür liebe ich dich!

(23.06.1999)

Nie wieder

Nie wieder will ich dich küssen

Nie wieder will ich dich vermissen

Nie wieder sollst du bei mir sein

Nie wieder sollst du mich befrei'n

Nie wieder will ich dich bei mir spüren

Nie wieder ein Leben an deiner Seite führen

Nie wieder für dich Tränen lassen

Nie wieder will ich dich hassen

Nie wieder auch nur von dir träumen

Nie wieder irgendwas versäumen

Nie wieder deine Lippen schmecken

Nie wieder dich am Morgen wecken

Nie wieder zusammen mit dir lachen

Nie wieder verbotene Dinge machen

Nie wieder will ich mich an dich erinnern

Nie wieder deine Gedanken in mir verinnern

Nie wieder deine Probleme lösen

Nie wieder mit dir in der Sonne dösen

Nie wieder will ich dein Herz klopfen hör'n

Nie wieder sollst du mein Leben zerstören

Nie wieder deinen Namen sprechen

Nie wieder auch nur eine Freundschaft brechen

Nie wieder!

(26.06.1999)

Wie - So !

Wie die Sonne scheint,

So scheinst du in mein Herz

Wie ein Messer sticht,

So stechend ist der Schmerz

Wie dir Rose duftet,

So duftest auch du

Wie ein Labyrinth so verwirrt

So ist alles was ich tu'

Wie der Himmel so blau

So ist dein Leben

Wie ein Geschenk

So würd' ich dir meines geben

Wie ein Rätsel

So bist du für mich

Wie du fühlst

So was weiß nicht mal ich

(26.06.1999)

Sehnsucht

Wie gern hätt' ich dich heute Nacht geküsst

Dich ganz nah bei mir gespürt

Ich spüre diese Energie in mir

Als hätten wir uns berührt

Sehnsucht durchflutet meine Seele

Eine Liebe zu dir erwacht

Sehnsucht ist das was ich fühle

Hat Gefühle für dich entfacht

Du bringst in mir einen Eisberg zum Schmelzen

Er ist viel härter als Stein

Ich sehne mich so sehr nach dir

Denn ich will bei dir sein

Du siehst mich an mit diesem Blick

Und ziehst mich in deinen Bann

Es gibt so viel zwischen dir und mir

Was ich nicht erklären kann

Sehnsucht – bitte vernichte sie

Ich kann sie nicht mehr ertragen

Sehnsucht immer nur nach dir

Wann wirst du mich endlich fragen

(27.06.1999)

Liebesschmerz

Tut dir dein Herz weh?

Liebt er dich nicht?

Hast du Schmerzen?

Liebesschmerz im Herzen?

Kannst du nicht schlafen?

Denkst du nur an ihn?

Kannst ihn einfach nicht vergessen?

Liebesschmerz beginnt dich aufzufressen?

Hast du Sehnsucht nur nach ihm?

Willst Tag und Nacht mit ihm verbringen?

Kannst du nicht mehr ohne ihn sein?

Liebesschmerz dringt in dein Leben ein?

Willst du endlich mit ihm reden?

Doch traust du dich einfach nicht?

Tu es, überwinde dich schnell!

Und Liebeschmerz verglüht ganz hell!

(27.06.1999)

Blick in die Vergangenheit

Fast ein Jahr ist nun schon vergangen
Seit sich unsere Lippen erstmals berührten
Und trotzdem kann ich noch immer fühlen
Was wir beide bei diesem Kuss spürten

Du die Unsicherheit und ich die Angst
Wir waren uns trotzdem so nah
Wenn einst deine Unsicherheit verschwindet
Bin ich immer noch für dich da

Doch ob ich dich dann noch lieben werde

Das weiß noch nicht mal ich

Denn es liegt alles in deiner Hand

Vielleicht verliebst du dich doch noch in mich

(08.07.1999)

Kleiner Stern

Kleiner Stern im großen All
Ich kann dich kaum erblicken
In diesem großen Sternenwall
Aus lauter Sternenflicken

Kleiner Stern im großen All
Ich habe dich furchtbar gern
Ich rufe nach dir mit Widerhall
Doch du bist so weit weg, so fern

Kleiner Stern im großen All
Lass dich nicht verschrecken
Du lebst im unendlich freien Fall
Und brauchst dich nicht zu verstecken

Kleiner Stern im großen All

Lass mich nie allein

Fliegst durch den Himmel fast ohne Schall

Doch so kann ich nicht sein

(08.07.1999)

Warum liebst du mich eigentlich nicht?

Warum liebst du mich eigentlich nicht?
Oder liebst du mich vielleicht doch?
Weißt du, dass mein Herz zerbricht?
Denn ich liebe dich immer noch!

Warum liebst du mich eigentlich nicht?
Seh' ich vielleicht nicht gut genug aus?
Weißt du, dass mein Herz zerbricht?
Aus meinen Augen strömen Tränen heraus!

Warum liebst du mich eigentlich nicht?

Gehört dein Herz einer anderen Frau?

Weißt du, dass mein Herz zerbricht?

Ich wette, du weißt es ganz genau!

Warum liebst du mich eigentlich nicht?

Gibt es wirklich einen Grund?

Weißt du, dass mein Herz zerbricht?

Öffne endlich deinen Mund!

(08.07.1999)

Allein unter Wölfen

Allein unter Wölfen

Möchte ich nicht sein

Nicht trotz den Schutz des Waldes

Nicht durch den Mondenschein

Allein unter vielen

Bin ich Tag für Tag

Allein unter denen, die ich hasse

Und unter denen, die ich mag

Allein unter dir

Leide ich Stunde um Stunde

Denn bin ich allein

Vergrößert sich in meinem Herz die Wunde

Allein unter dieser Wunde

Übe ich zu rebellieren

Obwohl ich dich nicht mehr liebe

Will ich dich nicht verleireb!

(08.07.1999)

Denken

Denken, was ist das?

Gedanken über dich?

Träume von dir?

Nach dir suchen in dieser großen Welt?

Denken, wann soll ich das tun?

Wenn ich dich sehe?

Wenn du mich siehst?

Wenn sich unsere Blicke treffen?

Denken kann ich nicht mehr

Wenn du in meiner Nähe bist

Mich in deine Arme nimmst

Und du mir sagst, dass du mich liebst

Denken werde ich nie wieder

Wenn du bei mir bleibst

Mit mir alt werden willst

Und deine Liebe zu mir ewig hält

(13.07.1999)

Geh nicht fort

Geh nicht fort von diesem Ort

Jedenfalls nicht ohne mich

Nimm mich mit dir wohin du willst

Denn ich liebe dich

Ich liebe dich für immer und ewig

Und das musst du wissen

Wenn du mich hier vergisst

Werd' ich dich schrecklich missen

Drum lass mich bitte nicht zurück

Das würd' ich nicht überleben

In meinem Leben wird es für immer

Nur einen Menschen geben

Und dieser Mensch ist nicht irgendeiner

Es ist etwas Besonderes für mich

Ich sag' es dir nun noch einmal

Denn ich liebe nur dich!

(13.07.1999)

In der Liebe

In der Liebe steckt der Hass

Und im Hass entdeckt man ein Fünkchen Liebe

In der Liebe steckt die Furcht

Und die Furcht verspürt man, wenn man wirklich liebt

In der Liebe steckt die Lüge

Und hinter jeder Lüge versteckt sich Liebe

In der Liebe steckt die Angst

Und in der Angst geht um Liebe

In der Liebe steckt auch Streit

Und jeder Streit entsteht aus Liebe

In der Liebe steckt Vernunft

Und in der Vernunft überlebt auch die Liebe

In der Liebe geht es um Menschen

Und zwischen Menschen herrscht die Liebe

In der Liebe steckt viel Leid

Und viel Leid entsteht durch wahre Liebe

In der Liebe steckt ein Gefühl

Und dieses Gefühl liebe ich!

(13.07.1999)

Ich ohne dich

Mächtig und groß

Ein Berg voller Angst

Ein Leben voller Furcht

Und ich ohne dich

Hilflos und klein

Ein Käfer im Wald

Eine Fliege in der Luft

Und ich ohne dich

Alles lebt weiter

Die Stadt nach dem Sturm

Ein Kind nach dem Sturz

Und ich ohne dich

(13.07.1999)

Ein Tag

Kaum ein Tag vergeht

Ohne dass ich an dich denke

Kaum eine Stunde zieht vorbei

Ohne dass ich dein Bild vor mir sehe

Kaum eine Nacht geht vorüber

Ohne dass ich mir wünsche, du wärst bei mir

Kaum eine Sekunde verstreicht

Ohne dass ein Tag vergeht

(13.07.1999)

An Dich!

Du Stein in meinem Leben

Du Fels in meiner Brandung

Du Hindernis auf meiner Straße des Lebens

Du Inhalt meiner Träume

Du Sonne an meinem Himmel

Du Blume auf meinem Beet der Hoffnung

Du Tropfen nach meinem Wolkenbruch

Du Stern in meiner Nacht

Du Weg meiner Erkenntnis

Du Trost meiner Sorgen

Du Grund meiner Freude

Du Liebe meines Lebens

(13.07.1999)

Winteranfang

Weiße Flocken bedecken die Erde

Die Welt hüllt sich in einen Pelz

Wenn auch ich immer ruhiger werde

Ist es Winter

Schnee ist wirklich überall

Schneemänner grüßen von drüben

Ein Ruf, ein wirklich kühler Schall

Durchdringt ganz sacht die Nacht

Der Himmel scheint mir plötzlich so nah

Ich friere, die Temperaturen sinken

Der Winter ist nun endlich da

Und ein neues Jahr bricht an

(13.07.1999)

Ohne Dich

Ohne dich fühl' ich mich leer

Ohne dich will ich nicht mehr

Ohne dich bin ich allein

Ohne dich will ich nicht sein

Ohne dich kann ich nicht leben

Ohne dich will ich nicht leben

Ohne dich auf Erden wandeln

Ohne dich kann ich nicht handeln

Ohne dich möchte ich nicht lachen

Ohne dich kann ich nichts machen

Ohne dich nur Einsamkeit

Ohne dich keine Gemeinsamkeit

Ohne dich ist alles kalt

Ohne dich werd' ich nicht alt

Ohne dich will ich nicht bleiben

Ohne dich durch diese Welt treiben

Ohne dich find' ich kein Glück

Ohne dich geht nichts, drum komm schnell
zurück!

(13.07.1999)

Doch jetzt ist es zu spät

Warum sollte ich dich hassen?

Weil ich den Anderen jetzt liebe?

Der Bund zu dir ist mir trotzdem sehr wichtig

Ich kann es ja selbst kaum fassen

Früher warst du der Inhalt meines Lebens

Ich denke gerne daran zurück

Ich habe dich über alles geliebt

Doch leider war es vergebens

Nun siehst du mich an mit fragenden Augen

Doch jetzt ist es zu spät

Du musst nun wie ich die ganze Zeit zuvor

An deinen Erinnerungen saugen

(26.07.1999)

Lass mich nicht allein

Ohne dich bin ich so einsam

Oft auch hilflos wie ein Stein

Deshalb bitte ich dich jetzt

Lass mich bitte nie allein

Heute nicht und auch nicht morgen

Ich kann nicht mehr ohne dich sein

Darum sag ich es noch einmal

Lass mich bitte nie allein

Denn alleine war ich lang genug

Die Einsamkeit war mein

Eines darfst du niemals vergessen

Lass mich bitte nie allein!

(27.07.1999)

Der wichtigste Mensch

Dass auch du kennst diesen Schmerz
Liebeskummer tief im Herz
Hätte ich wirklich nie gedacht
Mit deinem Geständnis hast du mich überrascht

Doch ich wollte nicht fragen, wer sie war
Ich hoffe nur der Schmerz ist nun nicht mehr da
Denn das würde auch mein Herz zerbrechen
Das könnte ich dir sogar versprechen

Ich selber liebe jemanden sehr
Und das von Tag zu Tag noch mehr
Aber wenn du mich fragst, wer er ist
Müßt ich dir sagen, dass du es bist

Doch dann wäre unsere Freundschaft vorbei

Der Bund zwischen uns wäre entzwei

In Tränen würde ich ersticken

Und ständig Gedanken an dich verschicken

Drum bleibt die Wahrheit in mir verborgen

Gestern, heute und natürlich auch morgen

Du ahnst nicht einmal, was ich fühle

Und wie ich mich innertotal zerwühle

Deine Nähe ist meine Welt

Ich hoffe, dass sie niemals zerfällt

Eins muss ich dir sagen, wie es ist

Dass du der wichtigste Mensch in meinem Leben
bist

(29.07.1999)

Ich geb' dich nie wieder

her

Dass ich mich in dich verlieben würde,

Hätte ich wirklich nie gedacht

Nun steht zwischen dir und mir eine Hürde

Die alles viel komplizierter macht

Du bist ein guter, mein bester Freund

Und der sollst du auch bleiben

Heute Nacht hab ich wieder von dir geträumt

Ich kann es gar nicht beschreiben

Ich sehne mich nach deiner Nähe

Ich kann einfach nicht ohne dich leben

Ich bin so glücklich, wenn ich dich nur sehe

Ich würde dir so viel geben

Ich brauche dich, um glücklich zu sein

Als Freund und vielleicht auch als mehr

In deiner Gegenwart bin ich nie allein

Ich geb' dich nie wieder her!

(29.07.1999)

Alles nur ...

Wunschträume, alles nur Zauberei?

Wünsche, alles nur Aberglaube?

Vorahnung, alles nur ein Gefühl?

Liebe, alles nur Freundschaft?

Leben, alles nur Vergänglichkeit?

Schmerz, alles nur Einbildung?

Träume, alles nur Täuschung?

Liebe, alles nur Freundschaft?

(29.07.1999)

Das Feuer

Das Feuer lodert

Die Glut ist rot

Qualm steigt auf

Die Liebe ist noch nicht tot

Das Feuer wird kleiner

Die Glut leuchtet auf

Die Qual wirbelt in der Luft

Die Liebe nimmt ihren Lauf

Das Feuer ist aus

Die Glut zwar noch rot

Der Qualm verweht

Die Liebe ist tot.

(29.07.1999)

Wenn ich ...

Wenn ich denke, denke ich

Wenn ich sehe, sehe ich

Wenn ich fühle, fühle ich

Wenn ich höre, höre ich

Wenn ich rieche, rieche ich

Wenn ich liebe, lieb' ich dich!

(29.07.1999)

Vergänglich

Vergänglich ist das Leben

Vergänglich ist das Geben

Vergänglich ist das Streben

Vergänglich bist auch du

Vergänglich ist das Leiden

Vergänglich ist das Streiten

Vergänglich ist das Meiden

Vergänglich bist auch du

Vergänglich ist die Liebe

Vergänglich sind die Triebe

Vergänglich sind die Hiebe

Vergänglich bist auch du

Vergänglich ist das Recht

Vergänglich sein ist schlecht

Vergänglich ist der Hecht

Der Hecht und du erst recht

(29.07.1999)

Wenn ich ein Fisch war

Wenn ich ein Fisch wär

Im großen Fischmeer

Wär ich viel freier

Als wenn ich tot wär

Da ich kein Fisch bin

Ich auch nicht tot bin

Also nicht frei bin

Hat mein Leben nicht viel Sinn

Hätte ich aber Mut

Zumindest ein bisschen Wut

Wenn sich im Leben was tut

Dann wird auch alles gut

(29.07.1999)

Romantik

Abendsonne und Kerzenlicht

Mondschein, wenn die Nacht anbricht

Flaues Gefühl und zartes Verlangen

Vertrauen, Liebe unbefangen

Zwischen zwei Menschen eine Macht

Emotionen leicht entfacht

Meeresrauschen, zarte Haut

Körper, in denen sich einiges staut

Träume, Stille und Phantasie

Abenteuer so fremd wie nie

Wunderschön kann es dann sein

Taucht Romantik ins Leben ein

(16.09.1999)

Nacht

In der Nacht ist alles still
Der Mensch entflieht in Träume
Ein jeder weiß, was er nun will
Versinken in tiefen Schäumen

In der Nacht existiert kein Licht
Es regt sich nicht mehr viel
Erst wenn der Tag erneut anbricht
Beginnt ein neues Spiel

Der Mensch verspielt sein Leben oft
Und hat sehr viel zu leiden
Und wenn er sehnlich die Nacht erhofft
Kann er das Spiel entscheiden

(16.09.1999)

Ich bin verzweifelt

Angst, Verzweiflung und kein Ausweg

Ich bin allein mit meinen Gefühlen

Wenn ich mich dann zur Ruhe leg'

Tun Träume meinen Schlaf zerwühlen

Sehnsucht nach dem kurzen Sterben

Schmerzlos, entfernt von Allem was mir lieb ist

Niemand kann mehr mein Leben verderben

Als du, der du der Grund meiner Verzweiflung
bist

(16.09.1999)

Angst

Du weißt, dass ich dich liebe

Ich weiß es

Denn ich habe solche Angst davor,

Dass dir etwas passiert

Etwas, dass dich aus meinem Leben stiehlt

Ich fürchte mich davor,

Dich nie wieder in meinem Arm zu halten

Deine Lippen auf den meinen zu spüren

Und mit dir in einem Vulkan der Liebe zu
versinken

(22.09.1999)

Millennium

Ein neues Jahrtausend
Ein neuer Mensch
Ein frisches Herz und Mut
Mit einem Lachen und viel Geduld
Wird die Zukunft gut

Das Lachen öffnet dir jedes Herz
Und die Geduld jede Tür
Das Alte ist vergessener Schmerz
Ersetzt das Neue dafür

Vergiss die Sorgen und Zweifel erst recht
Erlebe jede Sekunde
Die Vergangenheit bekam die schlecht
Genieß' jede neue Stunde

Kein Armageddon, kein jüngstes Gericht

Vernichtete unsere Erde

Damit sie den Lauf der Geschichte nicht bricht

Und Millionen von Jahren alt werde

(Januar 2000)

Definition von Glück

Glück ist das,

was ein Mensch sich sehnlich erhofft

Glück ist das,

was der Mensch niemals erreicht

Glück ist das,

was passieren könnte,

wenn der Mensch es nicht erwartet

Glück ist das,

was der Mensch erfand,

als er die Vollkommenheit suchte

Glück ist Utopie

(14.05.2000)

Leben

Leben, was ist das?

Aufstehen, arbeiten, lieben, leiden, schlafen gehen und sterben?

Oder lachen, froh sein und niemals weinen?

Leben, das ist alles

Die Natur, der Mensch und das Licht

Und die Gewissheit, dass wie uns wiedersehen ...

(01.07.2000)

Der Wind

Die Bäume bewegen sich im Wind

Das Rauschen des Windes dringt an mein Ohr

Ich lausche dem Wind

Und ganz leise hör ich in der Ferne eine Stimme

Es ist deine Stimme und sie sagt

Ich liebe dich!

(01.07.2000)

Ich sehe dich

Wenn ich in die dunkle Nacht schaue

Seh' ich dich

In meinen Träumen

Seh' ich dich

Wenn ich mit dir spreche,

Seh' ich dich

Du bist nicht da,

Aber ich sehe dich

(01.07.2000)

So

Du bist so weit weg

Und doch bist du bei mir

Die Entfernung zwischen uns ist so gross

Aber doch so nah

Ohne dich ist mein Leben so leer

Und doch so unbeschreiblich

Deine Liebe gibt mir so viel

Auch wenn der Wind sie mir überbringt

(24.07.2000)

Wahre Liebe

Ich dachte ich wüsste,

was wahre Liebe ist,

aber ich habe mich geirrt.

Ich dachte ich wüsste,

was Treue ist,

aber auch hier lag ich falsch.

Ich dachte ich wüsste,

was Reichtum ist,

aber ich war zu arm um das zu beurteilen.

Doch seit ich dich kenne,

irre ich mich nicht mehr,

liege nur noch richtig,

und weiß, dass Armut reich macht!

(26.07.2000)

Immer wieder

Immer wieder trennen sich unsere Wege

Immer wieder finden wir zu einander

Immer wieder vermisse ich dich

Immer wieder weiß ich, dass ich dich wiedersehe

Immer wieder schlafe ich ohne dich ein

Immer wieder wache ich allein auf

Immer wieder werde ich es dir sagen

Immer wieder: ich liebe dich

(21.08.2000)

Sie

Hast du sie gesehen?

Sie weinte bittere Tränen

Wollte sich nicht eingestehen,

Dass sie alleine ist

Jeder hat sie gesehen

Ihre bitteren Tränen

Und jeder musste sich eingestehen,

Dass sie alleine ist

Werden wir sie wiedersehen?

Weint sie wieder bittere Tränen?

Wird sie sich dann eingestehen,

Dass sie alleine ist?

(21.08.2000)

Winterangst

Die Nacht ist lang

und will nicht enden.

Die Dunkelheit macht mir Angst.

Die Sterne so klein,

dass man sie kaum erkennt.

Und es ist kalt.

Der Winter kommt immer näher,

obwohl der Herbst noch nicht das Land
eingenommen hat.

Er kommt ungeheuerlich schnell auf mich zu.

Und ich versuche ihm auszuweichen.

Doch es ist zu spät.

Er rast, so schnell wie ein Strom.

Er wird mich überfluten.

Und ich werde in ihm ertrinken.

(25.08.2000)

Mein Herz ist leer

Mein Herz ist leer,

ich fühl' mich allein.

Ich will zu dir,

aber dort kann ich nicht sein.

Mein Herz ist leer,

ich fühl' mich verlassen.

Ich sehn' mich nach dir,

will dich wieder fassen.

Mein Herz ist leer,

alles ist kalt.

Nur du kannst mich wärmen,

nur mit dir werd' ich alt.

(25.08.2000)

Sterben

Vielleicht werde ich sterben,

vielleicht auch nicht.

Vielleicht wirst du sterben,

vielleicht auch nicht.

Vielleicht werden wir alle sterben,

vielleicht auch nicht.

Vielleicht werden wir nie sterben,

vielleicht auch nicht.

(25.08.2000)

Wenn

Wenn Welten auseinander brechen,

dann bricht mein Herz.

Und alles hört auf zu existieren.

Die Welt mit ihren Tieren, Pflanzen und
Gewässern.

Und ich.

Weil ich ohne sie nicht leben kann.

(26.08.2000)

Er hörte mich nicht

Ich sagte Entschuldigung

Doch er hörte mich nicht

Ich sagte verzeih mir

Doch er hörte mich nicht

Ich sagte es tut mir leid

Doch er hörte mich nicht

Ich sagte ich gehe

Doch er hörte mich nicht

Jetzt fragt er wo bist du?

Doch ich höre ihn nicht mehr

(28.08.2000)

An Dich!

Ich kann mit dir lachen

Ich kann mit dir weinen

Dein Leben gehört einfach zu meinem

Du gibst mir das Glück

Und nimmst mir die Sorgen

Durch dich habe ich meine Angst verloren

Du erträgst meine Freude

Und meine Wut

Was auch passiert

Durch dich geht's mir gut!

(06.09.2000)

Danksagung

Ich danke meiner Familie dafür, dass sie immer
hinter mir steht und für mich da ist.

Ich liebe euch.

(18.07.2022)